Wilhelm Busch

Max und Moritz

auf lateinisch

Übersetzt von
Franz Schlosser

Philipp Reclam jun. Stuttgart

Universal-Bibliothek Nr. 8843

Gesamtherstellung: Reclam, Ditzingen. Printed in Germany 1999

ISBN 3-15-008843-7

Maxus et Mauritius

Praefatio

Nobis semper est audiendum
De maleficis, legendum,
Sicut de Mauritio
Maxo et amiculo.

Disciplinam deridentes,
Quam ludibrio habentes,
Mala modo hi faciebant,
Bona plane neglegebant.
Nos, eheu, antiquitus
Mala iuvant potius!
Plus quam ludum frequentare
Placet enim stimulare
Bestias, animalia.
Mala, pira, alia
Gratius quoque est furari,
Homines ludificari.
Qua de causa dico "Vae!
Quorum res evadant hae?!"
Nunc Mauriti omnia
Maxi et facinora,

Quae fecerunt, enarrabo.
Auscultate, vos amabo!

Dolus primus

Operam in bestiis
Sunt, qui ponant plumeis.
Et ovorum causa, quae
Aves pariunt illae,
Et ob carnem assam, quam
Tam amamus optimam.
Quarum pennis, tertio,
Usurpamus sedulo.
His farcimus culcitas
(Propter noctes frigidas).

Ecce Bolta vidua.
Quae et spernit frigora.

Cui erant viduae
Tres gallinae, gallus. “Quae
nunc,” quaesivit, “facimus?”
E Mauritio Maxulus.

Panem secant pueri
Cito, modo agili,
Quattuor in frustula
Bella, pulchra, paria.
In decussem iungunt has
Filo tum particulas.

Quas imponunt areae
Diligenter feminae.

Quod vix gallus conspicit,
Canere cum incipit:
Cicicerici, cicicericae!! –
Iam accurrunt feminae.

Una cum gallinis tum
Gallus vorat frustulum.

Cum discedere conantur,
Lino hi interpellantur.

Hic et illuc perdite
Ultro citro trahunt se.

Sursum volitant, eos
Quam deploro miseros!

Arboris in bracchio
Haerent longo, arido.
Collum longius fit eorum,
Sonus lenior canticorum,

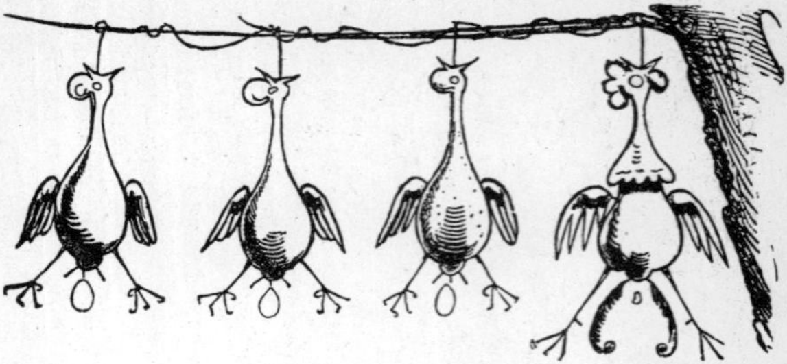

Ovum gignunt ultimum –
Humo reddunt debitum.

Avium audit eiulatum
Vidua, vociferatum.

Casa cedens clamat: "Vae!
Culmen est saevitiae!

Id, quo animo commoto
Delectabar, corde toto,
Nunc in malo haeret, o!
Lacrimis non tempero!"
Cultrum haec tristissime
Capit nunc, sollicite,

Miserandos ut defunctos
Quattuor desecet cunctos.

Maerens se recipit tum
Suum in tugurium.

Dolo necto illico
Praestolemur alio

Dolus secundus

Respirata a terrore
Bolta, illo a dolore,
Cogitavit apud se:
'Aves honorifice
Ante tempus exspiratas,
Morte foeda et damnatas
Igne coquam vel assabo,
Carne tum me delectabo.'
Maeror magnus fuit atqui,
Cum in igne furnuli
Hae iacerent denudatae,
Plane volsae, vellicatae,
Quae in horto volitabant
Olim, laete cacillabant. –

Eheu! valde lacrimat
Bolta, canis iuxta stat.

Has furciferi viderunt
Per fumarium, olfecerunt

Aves dulciter torrentes
In frixorio iacentes
Collis et capitibus
Despoliatas funditus.

Nunc e cella Bolta illa
Plena brassicae catilla

Petit duo. Qua acerba
Delectatur enim herba.
Quod si recalfactum est
Olus, de hac actum est.

Scelera dum haec geruntur
Dolum novum moliuntur.
Longum duxit ea re
Hamum Maxulus cum se.

Primam e camino iam
Extrahit aviculam.

Insequuntur alia
Duo animalia.
Nunc educit ultimum
Plumeorum pecorum.
Videns maleficium
Spitzus latrat "voff, voff, vum!"

Sed de tecto descenderunt
Parvi iam, desiluerunt,
Festinanter, propere;
Venit Bolta proxime!
Stupet, cum sartaginem
Conspicatur, praeter spem

Quia erat vacuus.
"Canis tu taeterrimus!

Sic auferes minime!
Spitze, non omittam te!"

Cochlear haec sumit tum,
Quo percutit Spitzulum.
Ululat hic lamentatur,
Falso quia verberatur.

Stertunt autem in virgultis
Duo scelera occultis.
Modo gallinaceus
Restat pes in oribus.

Insequetur etiamnum
Flagitiorum tertium.

Dolus tertius

Sartor cunctis a paganis
Notus erat et vicanis.

Hircus appellatus. Vestes
Admirabiles, caelestes
Qui faciebat, bracas breves,
Longas quoque, stolas leves:
Cuncta Hircus haec faciebat,
Cuncta suere sciebat.
Expediebat et sarcienda
Omnia, reficienda,
Laxas vestimentis bullas
Adsuebat et nonnullas,
Quod – et ubicumque sit:
Hoc a viro omne fit.
Hircus natus est ea
Lege salutaria.
Quem honorant hanc ob rem
Omnes bonum hominem.
"Aegre," dixit, "huic faciamus,"
Maxus, "bilem moveamus!"

Rivus enim alluebat
Hirci casam, praefluebat.

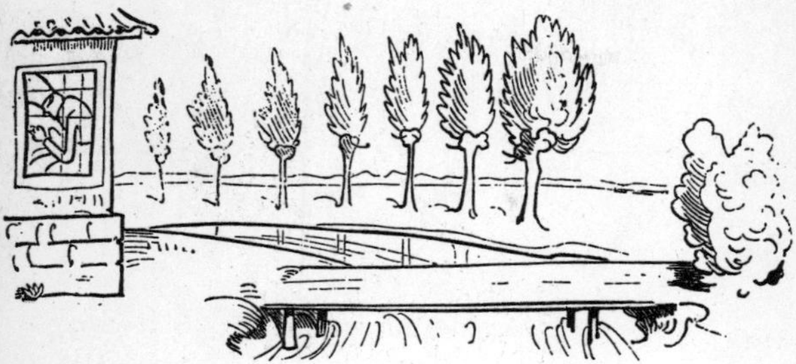

Pontem fecerat eo
Saevo hic in rivulo.

Fures duo haud cunctanter,
Sine mora, festinanter,
Malitiose, furtim, clam
Serra tractant semitam.

Haec auditur subito
Tum vociferatio:
“Eho! Heus! Arunce mi,
Foras! Ocius exi!”
Hircus multa sustinebat.
Qui tacebat, nil dicebat.
Sed movebat stomachum
Ei hoc vocabulum.

Foras cito se proripit,
Ubi auribus percipit

Derisionem denuo:
"Heus, arunce! Heus! Eho!"

Qui iam medio est in ponte.
Crac! Crac! Crac! Qui sua sponte

Rumpitur ponticulus –
Abdit se vestificus.

Tempore, quo haec geruntur,
Anseres praeterferuntur.

Quorum pedes manibus
Hircus capit territus.

Qui hoc modo rivuli
Exit aqua dubii.

Quae, scilicet, omnia
Minime sunt commoda,

Nam dolores colicos
Vir contraxit pessimos.

Ferrum caldum sit laudatum!
Ab uxore complanatum
Corpus boni Hirculi
Summa se reficit vi.

Quisque mox in vico scit:
Hircus sartor valuit.

Insequetur etiamnum
Quartum horum scelerum.

Dolus quartus

Est discendum omnibus:
Sic ait lex antiquitus.
Sed non solum elementis
Nos rem facimus discendis,
Neque unice legendo
Bene cedimus, scribendo,
Neque ratiocinando,
Numerando, computando –
Et consilia admittendo
Sapientia, sequendo.

Quae curabat Lempulus
Doctor litterarius.

Fures ambo hanc ob rem
Haud amabant hominem.
Dolos hic nectentibus
Erat odiosissimus.

Tabaco hic nunc gaudebat.
In deliciis quod habebat.
Viro quod non invidendumst
Bono, probo, concedendumst
Vere, sincerissime,
Nam laborat aspere.
"Quali modo huic nectamus
Dolum, damnum inferamus?"
Maxus quaerit illico
E amico intimo.
Die quodam solis bello
Modo molli organello

Hic, in templo dum sedebat,
Vir probissimus canebat.
Omnia dum haec geruntur,
Parvi mali ingrediuntur

Lempuli cubiculum,
Ubi infumibulum

Longum stat nicotianum
Boni praeceptoris canum.
Complent velocissime
Pyrio hoc pulvere.
Tum aufugiunt illico,
Missa quod est concio.

Interim magister iam
Templi claudit ianuam.

Suo munere obito
Religioso, expedito

Hic libenter petit bellam
Et domesticam casellam,

Ubi infundibulo
Ignem infert illico.

"Est bonorum omnium
Mens tranquilla ultimum!"

Quae cum ait, auditur "Bum!" –
Vale, infundibulum!

Disploduntur omnia:
Scyphus pulcher, cucuma,
Theca calamaria,
Vasa multa varia,
Focus novus, sella strata
Peridonea, mensa lata.

Fumus postquam transiit,
Dominus laudatus sit!,
Bonum virum praeter spem
Cernimus incolumem.

Sed sunt nasus, digiti
Eius fuliginei,
Tostus et est cincinnus,
Plane ustus, ultimus.

Quis nunc liberos docebit,
Cogitiones quis augebit,
Organo quis canat tali
Modo tenero, geniali?
Qua vapores odorati
Hauriantur tam amati

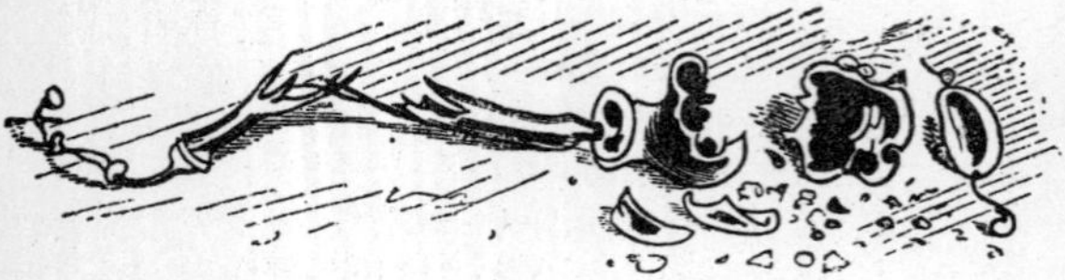

Probo a doctore, qua?!
Tempus sanat omnia.

Quintum maleficium
Mox sequetur scelerum.

Dolus quintus

Comis sit et commodus,
Cuius vivit patruus
Eodem in viculo,
Nam haec placent patruo.
Mane "Salve!" huic dicendumst,
Apportando huic serviendumst
Soleas et vinulum
Bonum, infundibulum.
Bono huic si prurit viro
Dorsum, tergum, modo miro
Hoc adulescentulo
Est scrabendum strenuo.
Fumum patruo sugenti
Vehementer sternuenti
Respondendumst hac in re:
"Tibi vertat optime!"
Est levandus caligis
Casam intrans vir suis,
Rebus caldis exornandus,
Ne algeat miserandus:
Huic, ne multa, parvula
Sunt paranda gaudia.

Nec placebant Maxulo
Illa nec Mauritio.
Vix credendumst dolo quo
Bilem movent patruo!

Melolontha quisque scit
Qualis mira avis sit.
In arboribus haec huc
Volat, repit et illuc.

Magnum numerum earum
Capiunt melolontharum

Fures. Qui in cuculum
Chartae has imponunt tum

Patrui et implent his
Lectum hi bestiolis.

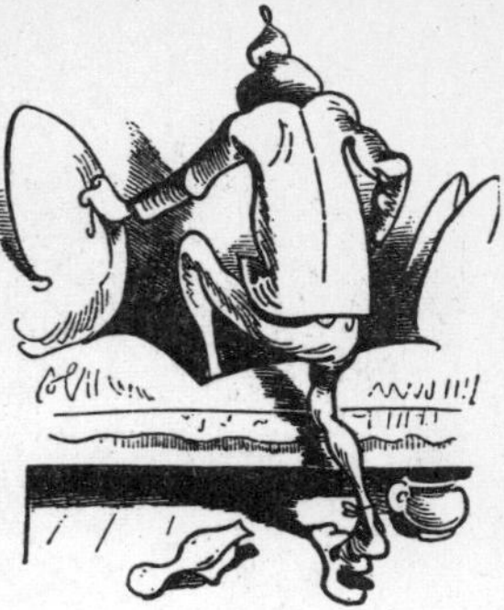

Exornatus nunc galero
Lectum haud appetit sero

Patruus. Qui languidos
Operit mox oculos.

Scarabaei elabuntur.
Qui e strato proveniuntur.

Quorum primus tangit iam
Viri nasum. Beluam

Captans hanc hic clamat: "Quid,
Quid, per Iovem, quid est id?!"

Monstro perdito deiecto
Bonus ruit vir de lecto.

Au! – Iam iterum est eius
In cervice scarabaeus,

Usque quaque beluae
Fremunt, volant, repunt hae!

His imponit patruus
Pedem male habitus.

Demum actum est de his
Importunis bestiis!

Pacem habens iterum
Patruus it cubitum.

Sextum maleficium
Mox sequetur scelerum.

Dolus sextus

Tempore paschali, cum
In pistrinis omnium
Dulcium optima friguntur
A pistoribus, coquuntur,
Horum cupidissimi
Nostri sunt et noxii.

Sed consulto casula
Clausa est pistoria.

Furi ergo est labendum
Per fumarium, serpendum.

Ecce iam improbuli.
Pigri sunt, pigerrimi.

Qui in farinaceum
Cadunt receptaculum.

Albiores creta hi
Mali nunc sunt pueri.

Spiras vident nunc libenter.
Appetunt has vehementer.

Crac! De sella lapsi sunt.

Qui in pultem incidunt.

Massa tecti speciem
Praebent miserabilem.

Pistor massam hos lingentes
Aucupatur, ligurrientes.

Ille ilico de his
Panes facit pueris.

Eos in fornacis os
Tum immittit pueros.

Nunc e igne trahit hos
Bene tostos, badios.

Suntne tandem mortui?
Minime! Vivissimi!

Murium corrodunt more
Involucrum suo ore.

Sonat vox furnarii:
"Hic aufugiunt! Ecce hi!"

Scelerum nunc ultimum
Sequitur flagitium.

Dolus ultimus

Vae vobis sceleribus!
Hic est dolus ultimus!
Quare frumentarios
Insecatis culleos?!

Ecce Flaccum rusticum.
Saccum fert triticeum.

Quo de culleo nunc grana,
Non mirandumst, manant sana.

Iam et intellexit Flaccus:
Agit rimas iste saccus!

Tum in tritico latentes
Videt fures "innocentes".

Qui immittit pala tum
Faecem hanc in culleum.

Metu pueri premuntur.
Nunc ad molas avehuntur.

"Pistor, quam celerrime,
Istos mole, move te!"

Quos infundit fures tum
Hic in infundibulum.

Faciunt molae ric et rac
Vehementer, cric et crac.

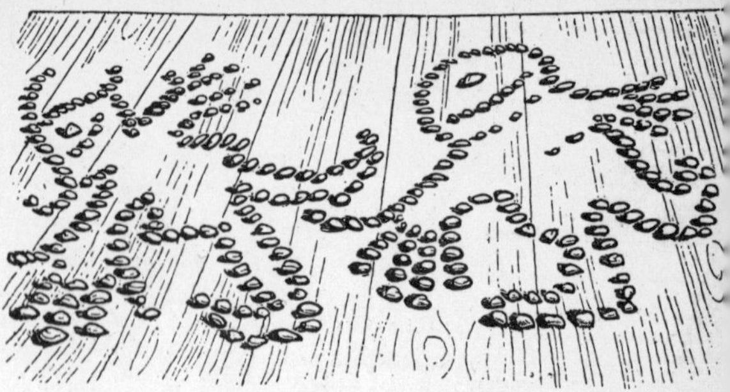

Hos spectate laniatos
Molis, fractos, laceratos.

Sed gallinae pueros
Statim edunt pessimos.

Finis

Suntne maesti hac de re
Vici cives? Minime!
Dixit Bolta vidua:
“Haec praesensi omnia!”
“Malum”, dixit Hirculus,
“Vitae non est terminus!”
“Documento omnibus
Hoc sit!” dixit Lempulus.
Monuit pistor: “Variis
Manum de bellariis!”
Dixit patruus: “Dolorum
Hoc eventus est stultorum!”
Dixit rusticus: “Quare
Hoc attineat ad me?!”
Paucis quidem, vicus totus
Triumphavit, gaudio motus:
“Deo gratias! Nunc de his
Actum est maleficis!”

Anhang

Max und Moritz

Vorwort

Ach, was muß man oft von bösen
Kindern hören oder lesen!!
Wie zum Beispiel hier von diesen,
Welche Max und Moritz hießen;
Die, anstatt durch weise Lehren
Sich zum Guten zu bekehren,
Oftmals noch darüber lachten
Und sich heimlich lustig machten. –
– Ja, zur Übeltätigkeit,
Ja, dazu ist man bereit! –
– Menschen necken, Tiere quälen,
Äpfel, Birnen, Zwetschen stehlen – –
Das ist freilich angenehmer
Und dazu auch viel bequemer,
Als in Kirche oder Schule
Festzusitzen auf dem Stuhle. –
– Aber wehe, wehe, wehe!
Wenn ich auf das Ende sehe!! –
– Ach, das war ein schlimmes Ding,
Wie es Max und Moritz ging.
– Drum ist hier, was sie getrieben,
Abgemalt und aufgeschrieben.

Erster Streich

Mancher gibt sich viele Müh
Mit dem lieben Federvieh;
Einesteils der Eier wegen,
Welche diese Vögel legen,

Zweitens: weil man dann und wann
Einen Braten essen kann;
Drittens aber nimmt man auch
Ihre Federn zum Gebrauch
In die Kissen und die Pfühle,
Denn man liegt nicht gerne kühle. –
Seht, da ist die Witwe Bolte,
Die das auch nicht gerne wollte.
Ihrer Hühner waren drei
Und ein stolzer Hahn dabei. –
Max und Moritz dachten nun:
Was ist hier jetzt wohl zu tun? –
– Ganz geschwinde, eins, zwei, drei,
Schneiden sie sich Brot entzwei,
In vier Teile, jedes Stück
Wie ein kleiner Finger dick.
Diese binden sie an Fäden,
Übers Kreuz, ein Stück an jeden,
Und verlegen sie genau
In den Hof der guten Frau. –
Kaum hat dies der Hahn gesehen,
Fängt er auch schon an zu krähen:
Kikeriki! Kikikerikih!! –
Tak tak tak! – da kommen sie.
Hahn und Hühner schlucken munter
Jedes ein Stück Brot hinunter;
Aber als sie sich besinnen,
Konnte keines recht von hinnen.
In die Kreuz und in die Quer
Reißen sie sich hin und her,
Flattern auf und in die Höh,
Ach herrje, herrjemine!
Ach, sie bleiben an dem langen
Dürren Ast des Baumes hangen. –
– Und ihr Hals wird lang und länger,
Ihr Gesang wird bang und bänger;

Jedes legt noch schnell ein Ei,
Und dann kommt der Tod herbei. –
Witwe Bolte, in der Kammer,
Hört im Bette diesen Jammer;
Ahnungsvoll tritt sie heraus:
Ach, was war das für ein Graus!
»Fließet aus dem Aug, ihr Tränen!
All mein Hoffen, all mein Sehnen,
Meines Lebens schönster Traum
Hängt an diesem Apfelbaum!!«
Tiefbetrübt und sorgenschwer
Kriegt sie jetzt das Messer her;
Nimmt die Toten von den Strängen,
Daß sie so nicht länger hängen,
Und mit stummem Trauerblick
Kehrt sie in ihr Haus zurück. –

Dieses war der erste Streich,
Doch der zweite folgt sogleich.

Zweiter Streich

Als die gute Witwe Bolte
Sich von ihrem Schmerz erholte,
Dachte sie so hin und her,
Daß es wohl das beste wär,
Die Verstorbnen, die hienieden
Schon so frühe abgeschieden,
Ganz im stillen und in Ehren
Gut gebraten zu verzehren. –
– Freilich war die Trauer groß,
Als sie nun so nackt und bloß
Abgerupft am Herde lagen,
Sie, die einst in schönen Tagen
Bald im Hofe, bald im Garten
Lebensfroh im Sande scharrten. –

Ach, Frau Bolte weint aufs neu,
Und der Spitz steht auch dabei.
Max und Moritz rochen dieses;
»Schnell aufs Dach gekrochen!« hieß es.
Durch den Schornstein mit Vergnügen
Sehen sie die Hühner liegen,
Die schon ohne Kopf und Gurgeln
Lieblich in der Pfanne schmurgeln. –
Eben geht mit einem Teller
Witwe Bolte in den Keller,
Daß sie von dem Sauerkohle
Eine Portion sich hole,
Wofür sie besonders schwärmt,
Wenn er wieder aufgewärmt. –
– Unterdessen auf dem Dache
Ist man tätig bei der Sache.
Max hat schon mit Vorbedacht
Eine Angel mitgebracht. –
Schnupdiwup! da wird nach oben
Schon ein Huhn heraufgehoben.
Schnupdiwup! jetzt Numro zwei;
Schnupdiwup! jetzt Numro drei;
Und jetzt kommt noch Numro vier:
Schnupdiwup! dich haben wir!! –
– Zwar der Spitz sah es genau,
Und er bellt: Rawau! Rawau!
Aber schon sind sie ganz munter
Fort und von dem Dach herunter. –
– Na! Das wird Spektakel geben,
Denn Frau Bolte kommt soeben;
Angewurzelt stand sie da,
Als sie nach der Pfanne sah.
Alle Hühner waren fort –
»Spitz!!« – das war ihr erstes Wort. –
»Oh, du Spitz, du Ungetüm!! –
Aber wart! ich komme ihm!!!«

Mit dem Löffel, groß und schwer,
Geht es über Spitzen her;
Laut ertönt sein Wehgeschrei,
Denn er fühlt sich schuldenfrei. –
– Max und Moritz, im Verstecke,
Schnarchen aber an der Hecke,
Und vom ganzen Hühnerschmaus
Guckt nur noch ein Bein heraus. –

Dieses war der zweite Streich,
Doch der dritte folgt sogleich.

Dritter Streich

Jedermann im Dorfe kannte
Einen, der sich Böck benannte. –
– Alltagsröcke, Sonntagsröcke,
Lange Hosen, spitze Fräcke,
Westen mit bequemen Taschen,
Warme Mäntel und Gamaschen –
Alle diese Kleidungssachen
Wußte Schneider Böck zu machen. –
– Oder wäre was zu flicken,
Abzuschneiden, anzustücken,
Oder gar ein Knopf der Hose
Abgerissen oder lose –
Wie und wo und was es sei,
Hinten, vorne, einerlei –
Alles macht der Meister Böck,
Denn das ist sein Lebenszweck. –
– Drum so hat in der Gemeinde
Jedermann ihn gern zum Freunde. –
Aber Max und Moritz dachten,
Wie sie ihn verdrießlich machten. –
Nämlich vor des Meisters Hause
Floß ein Wasser mit Gebrause.

Übers Wasser führt ein Steg
Und darüber geht der Weg. –
Max und Moritz, gar nicht träge,
Sägen heimlich mit der Säge,
Ritzeratze! voller Tücke,
In die Brücke eine Lücke. –
Als nun diese Tat vorbei,
Hört man plötzlich ein Geschrei:
»He, heraus! du Ziegen-Böck!
Schneider, Schneider, meck meck meck!!« –
– Alles konnte Böck ertragen,
Ohne nur ein Wort zu sagen;
Aber wenn er dies erfuhr,
Ging's ihm wider die Natur. –
Schnelle springt er mit der Elle
Über seines Hauses Schwelle,
Denn schon wieder ihm zum Schreck
Tönt ein lautes: »Meck, meck, meck!!«
Und schon ist er auf der Brücke,
Kracks! die Brücke bricht in Stücke;
Wieder tönt es: »Meck, meck, meck!«
Plumps! da ist der Schneider weg!
Grad als dieses vorgekommen,
Kommt ein Gänsepaar geschwommen,
Welches Böck in Todeshast
Krampfhaft bei den Beinen faßt.
Beide Gänse in der Hand,
Flattert er auf trocknes Land. –
Übrigens bei alledem
Ist so etwas nicht bequem;
Wie denn Böck von der Geschichte
Auch das Magendrücken kriegte.
Hoch ist hier Frau Böck zu preisen!
Denn ein heißes Bügeleisen,
Auf den kalten Leib gebracht,
Hat es wieder gut gemacht. –

– Bald im Dorf hinauf, hinunter,
Hieß es: Böck ist wieder munter!!

Dieses war der dritte Streich,
Doch der vierte folgt sogleich.

Vierter Streich

Also lautet ein Beschluß:
Daß der Mensch was lernen muß. –
– Nicht allein das A-B-C
Bringt den Menschen in die Höh;
Nicht allein im Schreiben, Lesen
Übt sich ein vernünftig Wesen;
Nicht allein in Rechnungssachen
Soll der Mensch sich Mühe machen;
Sondern auch der Weisheit Lehren
Muß man mit Vergnügen hören. –
Daß dies mit Verstand geschah,
War Herr Lehrer Lämpel da. –
– Max und Moritz, diese beiden,
Mochten ihn darum nicht leiden;
Denn wer böse Streiche macht,
Gibt nicht auf den Lehrer acht. –
Nun war dieser brave Lehrer
Von dem Tobak ein Verehrer,
Was man ohne alle Frage
Nach des Tages Müh und Plage
Einem guten alten Mann
Auch von Herzen gönnen kann. –
– Max und Moritz, unverdrossen,
Sinnen aber schon auf Possen,
Ob vermittelst seiner Pfeifen
Dieser Mann nicht anzugreifen. –
– Einstens, als es Sonntag wieder
Und Herr Lämpel, brav und bieder,

In der Kirche mit Gefühle
Saß vor seinem Orgelspiele,
Schlichen sich die bösen Buben
In sein Haus und seine Stuben,
Wo die Meerschaumpfeife stand;
Max hält sie in seiner Hand;
Aber Moritz aus der Tasche
Zieht die Flintenpulverflasche,
Und geschwinde, stopf, stopf, stopf!
Pulver in den Pfeifenkopf. –
Jetzt nur still und schnell nach Haus,
Denn schon ist die Kirche aus. –
– Eben schließt in sanfter Ruh
Lämpel seine Kirche zu;
Und mit Buch und Notenheften,
Nach besorgten Amtsgeschäften
Lenkt er freudig seine Schritte
Zu der heimatlichen Hütte,
Und voll Dankbarkeit sodann
Zündet er sein Pfeifchen an.
»Ach!« – spricht er – »die größte Freud
Ist doch die Zufriedenheit!!!«
Rums!! – da geht die Pfeife los
Mit Getöse, schrecklich groß.
Kaffeetopf und Wasserglas,
Tobaksdose, Tintenfaß,
Ofen, Tisch und Sorgensitz –
Alles fliegt im Pulverblitz. –
Als der Dampf sich nun erhob,
Sieht man Lämpel, der gottlob!
Lebend auf dem Rücken liegt;
Doch er hat was abgekriegt.
Nase, Hand, Gesicht und Ohren
Sind so schwarz als wie die Mohren,
Und des Haares letzter Schopf
Ist verbrannt bis auf den Kopf. –

Wer soll nun die Kinder lehren
Und die Wissenschaft vermehren?
Wer soll nun für Lämpel leiten
Seine Amtestätigkeiten?
Woraus soll der Lehrer rauchen,
Wenn die Pfeife nicht zu brauchen??
Mit der Zeit wird alles heil,
Nur die Pfeife hat ihr Teil. –

Dieses war der vierte Streich,
Doch der fünfte folgt sogleich.

Fünfter Streich

Wer in Dorfe oder Stadt
Einen Onkel wohnen hat,
Der sei höflich und bescheiden,
Denn das mag der Onkel leiden. –
– Morgens sagt man: »Guten Morgen!
Haben Sie was zu besorgen?«
Bringt ihm, was er haben muß:
Zeitung, Pfeife, Fidibus. –
Oder sollt es wo im Rücken
Drücken, beißen oder zwicken,
Gleich ist man mit Freudigkeit
Dienstbeflissen und bereit. –
Oder sei's nach einer Prise,
Daß der Onkel heftig niese,
Ruft man »Prosit!« allsogleich,
»Danke, wohl bekomm es Euch!« –
Oder kommt er spät nach Haus,
Zieht man ihm die Stiefel aus,
Holt Pantoffel, Schlafrock, Mütze,
Daß er nicht im Kalten sitze –
Kurz, man ist darauf bedacht,
Was dem Onkel Freude macht. –

– Max und Moritz ihrerseits
Fanden darin keinen Reiz. –
Denkt euch nur, welch schlechten Witz
Machten sie mit Onkel Fritz! –
Jeder weiß, was so ein Mai-
Käfer für ein Vogel sei. –
In den Bäumen hin und her
Fliegt und kriecht und krabbelt er.
Max und Moritz, immer munter,
Schütteln sie vom Baum herunter.
In die Tüte von Papiere
Sperren sie die Krabbeltiere. –
Fort damit, und in die Ecke
Unter Onkel Fritzens Decke!
Bald zu Bett geht Onkel Fritze
In der spitzen Zipfelmütze;
Seine Augen macht er zu,
Hüllt sich ein und schläft in Ruh.
Doch die Käfer, kritze kratze!
Kommen schnell aus der Matratze.
Schon faßt einer, der voran,
Onkel Fritzens Nase an.
»Bau!!« – schreit er – »Was ist das hier?!!«
Und erfaßt das Ungetier.
Und den Onkel, voller Grausen,
Sieht man aus dem Bette sausen.
»Autsch!!« – Schon wieder hat er einen
Im Genicke, an den Beinen;
Hin und her und rund herum
Kriecht es, fliegt es mit Gebrumm.
Onkel Fritz, in dieser Not,
Haut und trampelt alles tot.
Guckste wohl! Jetzt ist's vorbei
Mit der Käferkrabbelei!!
Onkel Fritz hat wieder Ruh
Und macht seine Augen zu. –

Dieses war der fünfte Streich,
Doch der sechste folgt sogleich.

Sechster Streich

In der schönen Osterzeit,
Wenn die frommen Bäckersleut,
Viele süße Zuckersachen
Backen und zurechtemachen,
Wünschten Max und Moritz auch
Sich so etwas zum Gebrauch. –
Doch der Bäcker, mit Bedacht,
Hat das Backhaus zugemacht.
Also, will hier einer stehlen,
Muß er durch den Schlot sich quälen. –
Ratsch!! – Da kommen die zwei Knaben
Durch den Schornstein, schwarz wie Raben.
Puff!! – Sie fallen in die Kist,
Wo das Mehl darinnen ist.
Da! Nun sind sie alle beide
Rund herum so weiß wie Kreide.
Aber schon mit viel Vergnügen
Sehen sie die Brezeln liegen.
Knacks!! – Da bricht der Stuhl entzwei;
Schwapp!! – Da liegen sie im Brei.
Ganz von Kuchenteig umhüllt
Stehn sie da als Jammerbild. –
Gleich erscheint der Meister Bäcker
Und bemerkt die Zuckerlecker.
Eins, zwei, drei! – eh man's gedacht,
Sind zwei Brote draus gemacht.
In dem Ofen glüht es noch –
Ruff!! – damit ins Ofenloch!
Ruff!! – man zieht sie aus der Glut –
Denn nun sind sie braun und gut. –

– Jeder denkt, »die sind perdü!«
Aber nein! – noch leben sie! –
Knusper, knasper! – wie zwei Mäuse
Fressen sie durch das Gehäuse;
Und der Meister Bäcker schrie:
»Achherrje! da laufen sie!!« –

Dieses war der sechste Streich,
Doch der letzte folgt sogleich.

Letzter Streich

Max und Moritz, wehe euch!
Jetzt kommt euer letzter Streich! –
Wozu müssen auch die beiden
Löcher in die Säcke schneiden?? –
– Seht, da trägt der Bauer Mecke
Einen seiner Maltersäcke. –
Aber kaum daß er von hinnen,
Fängt das Korn schon an zu rinnen.
Und verwundert steht und spricht er:
»Zapperment! Dat Ding werd lichter!«
Hei! Da sieht er voller Freude
Max und Moritz im Getreide.
Rabs!! – in seinen großen Sack
Schaufelt er das Lumpenpack.
Max und Moritz wird es schwüle,
Denn nun geht es nach der Mühle. –
»Meister Müller, he, heran!
Mahl er das, so schnell er kann!«
»Her damit!!« – Und in den Trichter
Schüttelt er die Bösewichter. –
Rickeracke! Rickeracke!
Geht die Mühle mit Geknacke.
Hier kann man sie noch erblicken
Fein geschroten und in Stücken.

Doch sogleich verzehret sie
Meister Müllers Federvieh.

Schluß

Als man dies im Dorf erfuhr,
War von Trauer keine Spur. –
– Witwe Bolte, mild und weich,
Sprach: »Sieh da, ich dacht es gleich!« –
– »Ja ja ja« rief Meister Böck –
»Bosheit ist kein Lebenszweck!« –
– Drauf so sprach Herr Lehrer Lämpel:
»Dies ist wieder ein Exempel!« –
– »Freilich!« meint der Zuckerbäcker –
»Warum ist der Mensch so lecker?!« –
– Selbst der gute Onkel Fritze
Sprach: »Das kommt von dumme Witze!« –
– Doch der brave Bauersmann
Dachte: »Wat geiht meck dat an?!« –
– Kurz, im ganzen Dorf herum
Ging ein freudiges Gebrumm:
»Gott sei Dank! Nun ist's vorbei
Mit der Übeltäterei!!«

Der deutsche Text folgt der Ausgabe: Wilhelm Busch: Ausgewählte Werke. Hrsg. von Gert Ueding. Stuttgart: Reclam, 1988. (Universal-Bibliothek. Nr. 7483.)

Inhalt

Vom gleichen Übersetzer ist erschienen:

Cantate Latine

Lieder und Songs auf lateinisch

Reclams Universal-Bibliothek Nr. 8802

»Nur ein Jux – oder ein Beitrag, Latein als lebendige Sprache wieder einzuführen? Lieder wie ›Ja, wir san mit'm Radl da‹, ›Ein Loch ist im Eimer‹, aber auch Beatles-Songs wie ›Help‹ und ›Yellow Submarine‹ hat Franz Schlosser in die Sprache Ciceros und Cäsars übertragen. Kostprobe: ›Domus nobis est subaquatica, navis lutea, navis lutea‹ – der Refrain von ›Yellow Submarine‹. Singen Sie das mal!«

Westfälische Rundschau

Römische Literatur

IN RECLAMS UNIVERSAL-BIBLIOTHEK

Cicero

Cato maior de senectute / Cato der Ältere über das Alter. Lat./dt. 141 S. UB 803
De finibus bonorum et malorum / Über das höchste Gut und das größte Übel. Lat./dt. 543 S. UB 8593
De imperio Cn. Pompei ad Quirites oratio / Rede über den Oberbefehl des Cn. Pompeius. Lat./dt. 88 S. UB 9928
De natura deorum / Über das Wesen der Götter. Lat./dt. 480 S. UB 6881
De officiis / Vom pflichtgemäßen Handeln. Lat./dt. 455 S. UB 1889
De oratore / Über den Redner. Lat./dt. 653 S. UB 6884
De re publica / Vom Gemeinwesen. Lat./dt. 416 S. UB 9909
Drei Reden vor Caesar. Lat./dt. 143 S. UB 7907
Epistulae ad Atticum / Briefe an Atticus. Lat./dt. 279 S. UB 8786
Epistulae ad Quintum fratrem / Briefe an den Bruder Quintus. Lat./dt. 251 S. UB 7095
Laelius, Über die Freundschaft. 87 S. UB 868
Philippische Reden gegen M. Antonius. Erste u. zweite Rede. Lat./dt. 200 S. UB 2233
Pro M. Caelio oratio / Rede für M. Caelius. Lat./dt. 159 S. UB 1237
Pro A. Licinio Archia poeta oratio / Rede für den Dichter A. Licinius Archias. Lat./dt. 56 S. UB 1268
Pro P. Sestio oratio / Rede für P. Sestius. Lat./dt. 205 S. UB 6888
Rede für Sextus Roscius aus Ameria. Lat./dt. 148 S. UB 1148
Rede für Titus Annius Milo. Lat./dt. 160 S. UB 1170
Rede über den Oberbefehl des Cn. Pompeius. Rede für den Dichter A. Licinius Archias. 64 S. UB 8554
Reden gegen Verres I. Lat./dt. 130 S. UB 4013 – *II.* 168 S. UB 4014 – *III.* 208 S. UB 4015 – *IV.* 261 S. UB 4016 – *V.* 183 S. UB 4017 – *VI.* 200 S. UB 4018
Tusculanae disputationes / Gespräche in Tusculum. Lat./dt. 563 S. UB 5028
Über den Staat. 189 S. UB 7479
Über die Rechtlichkeit (De legibus). 150 S. UB 8319
Vier Reden gegen Catilina. 88 S. UB 1236 – Lat./dt. 149 S. UB 9399
Cicero zum Vergnügen. 184 S. UB 9652

Römische Literatur

IN RECLAMS UNIVERSAL-BIBLIOTHEK

Dichtung

Catull, *Gedichte.* 133 S. UB 6638 – *Sämtliche Gedichte.* Lat./dt. 246 S. UB 9395

Horaz, *Ars poetica / Die Dichtkunst.* Lat./dt. 70 S. UB 9421 – *Epistulae / Briefe.* Lat./dt. 70 S. UB 432 – *Gedichte.* 80 S. UB 7708 – *Oden und Epoden.* Lat./dt. 328 S. UB 9905 – *Sermones / Satiren.* Lat./dt. 232 S. UB 431 – *Sämtliche Gedichte.* Lat./dt. 828 S. Gebunden

Juvenal, *Satiren.* 253 S. UB 8598

Laudes Italiae / Lob Italiens. Griech. und lat. Texte. Zweisprachig 192 S. UB 8510

Lukrez, *De rerum natura / Welt aus Atomen.* Lat./dt. 637 S. UB 4257

Manilius, *Astronomica / Astrologie.* Lat./dt. 533 S. 11 Abb. UB 8634

Martial, *Epigramme.* 166 S. UB 1611

Ovid, *Amores/Liebesgedichte.* Lat./dt. 263 S. UB 1361 – *Ars amatoria / Liebeskunst.* Lat./dt. 232 S. UB 357 – *Metamorphosen.* Epos in 15 Büchern. 792 S. UB 356 – *Metamorphosen.* Lat./dt. 997 S. UB 1360 – *Verwandlungen.* Auswahl. 93 S. UB 7711

Phaedrus, *Liber Fabularum / Fabelbuch.* Lat./dt. 240 S. UB 1144

Plautus, *Amphitruo.* Lat./dt. 160 S. UB 9931 – *Aulularia / Goldtopfkomödie.* Lat./dt. 112 S. UB 9898 – *Menaechmi.* Lat./dt. 152 S. UB 7096 – *Miles gloriosus / Der ruhmreiche Hauptmann.* Lat./dt 183 S. UB 8031

Properz, *Sämtliche Gedichte.* Lat./dt. 419 S. UB 1728

Römische Lyrik. Lat./dt. 514 S. UB 8995

Seneca, *Apocolocyntosis / Die Verkürbissung des Kaisers Claudius* Lat./dt. 94 S. UB 7676 – *Medea.* Lat./dt. 167 S. UB 8882 – *Oedipus* Lat./dt. 141 S. UB 9717

Terenz, *Adelphoe / Die Brüder.* Lat./dt. 128 S. UB 9848 – *Der Eunuch.* 77 S. UB 1868 – *Phormio.* Lat./dt. 147 S. UB 1869

Vergil, *Aeneis.* 421 S. UB 221 – *Aeneis.* 1. und 2. Buch. Lat./dt. 202 S. UB 9680 – *Aeneis.* 3. und 4. Buch. Lat./dt. 221 S. UB 9681 – *Aeneis* 5. und 6. Buch. Lat./dt. 295 S. UB 9682 – *Georgica / Vom Landbau* Lat./dt. 123 S. UB 638 – *Hirtengedichte (Eklogen).* 77 S. UB 637

Römische Literatur

IN RECLAMS UNIVERSAL-BIBLIOTHEK

Vermischte Prosa (ohne Seneca)

Antike Heilkunst. 250 S. UB 9305

Antike Weisheit. 255 S. Reclam Lesebuch

Apuleius, *Das Märchen von Amor und Psyche.* Lat./dt. 152 S. UB 486

Augustinus, *Bekenntnisse.* 440 S. UB 2792 – *De beata vita / Über das Glück.* Lat./dt. 109 S. UB 7831 – *De magistro / Über den Lehrer.* Lat./dt. 155 S. UB 2793 – *De vera religione / Über die wahre Religion.* Lat./dt. 231 S. UB 7971

Boethius, *Trost der Philosophie.* 189 S. UB 3154

Eugippius, *Vita Sancti Severini / Das Leben des heiligen Severin.* Lat./dt. 157 S. UB 8285

Marc Aurel, *Selbstbetrachtungen.* 188 S. UB 1241

Petron, *Satyricon.* 261 S. UB 8533

Plinius der Jüngere, *Briefe.* 76 S. UB 7787 – *Epistulae / Briefe.* Lat./dt. *1. Buch.* 96 S. UB 6979 – *2. Buch.* 96 S. UB 6980 – *3. Buch.* 96 S. UB 6981 – *4. Buch.* 96 S. UB 6982 – *5. Buch.* 94 S. UB 6983 – *6. Buch.* 109 S. UB 6984 – *7. Buch.* 104 S. UB 6985 – *8. Buch.* 104 S. UB 6986 – *9. Buch.* 110 S. UB 6987 – *10. Buch. Der Briefwechsel mit Kaiser Trajan.* 160 S. UB 6988 – *Sämtliche Briefe.* Geb. 925 S.

Quintilian, *Institutio oratoria X / Lehrbuch der Redekunst. 10. Buch.* Lat./dt. 160 S. UB 2956

Tacitus, *Dialogus oratoribus / Dialog über die Redner.* Lat./dt. 117 S. UB 7700

Tertullian, *De spectaculis / Über die Spiele.* Lat./dt. 120 S. UB 8477

Valerius Maximus, *Facta et dicta memorabilia / Denkwürdige Taten und Worte.* Lat./dt. 351 S. UB 8695

Philipp Reclam jun. Stuttgart